LE
COVP D'ESTAT
DE
LOVYS XIII.

LE
COVP D'ESTAT
DE
LOVYS XIII.
AV Roy.

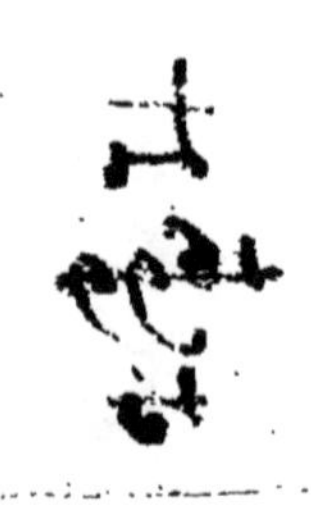

AV ROY.

SIRE,

Bien que tout le cours de vostre re-
gne ne soit, de quelque costé qu'on
le regarde, qu'vn miracle perpetuel,
si faut-il neantmoins auoüer que
comme entre les œuures de Dieu, de mesme entre vos actions, quelques-vnes se trouuent dans vn
tel degré d'eminence au dessus des autres, qu'elles ra-
uissent d'vn estonement particulier ceux qui le con-
siderent de prés. De ce nombre sont vne infinité de
merueilles que vous auez faites en diuers téps auecques l'admiration esgale de toute la terre, tãt pour la
seureté de vos subjets, que pour la protection de vos
alliez. De les releuer icy de leurs couleurs l'vne aprés
l'autre, c'est ce que ie n'entreprendray pas pour cette
heure. Outre que ie fais ailleurs auec plus de loisir
& plus de soin, ce dessein seroit trop lõg pour ce lieu.
Ie m'arresteray seulement aux dernieres, comme aux
plus considerables pour leur importance, & plus
agreable pour leur nouueauté, & cela, selon ma coustume, sans y rechercher autre embelissement, que
celuy que la dignité de la matiere porte d'elle-mes-
me; sçachant que toute sorte de fard n'est pas moins

odieuſe à voſtre Majeſté dans le diſcours, que ſur le viſage de ceux qui l'approchent.

Si la France a par fois en quelque choſe à craindre depuis enuiron cent ans en çà, l'on ne peut douter que ce n'ait eſté des Huguenots au dedans, & des Eſpagnols au dehors. Les efforts diuers que ſous diuers pretextes ils ont fait en pluſieurs lieux contre nous, ſót des teſmoignages infaillibles, que s'ils nous ont plus exercez qu'affoiblis, le deſir de pis faire ne leur a pas tant manqué que le moyen. Ceux là ne nous auoient pas quitez, que ceux-cy nous prenoient; les vns commençoient, ou les autres auoieut finy : on euſt dit qu'ils ſe preſtoient ouuertement la main pour trauailler conjointement à noſtre ruïne. Car bien que la haine & la défiance mutuelle, dont ils faiſoient demonſtration apparente entre-eux, ſemblaſt eſtre vne barriere qui les ſeparaſt, l'ambition commune neantmoins, qu'ils auoient, d'aduancer comment que ce fuſt leurs deſſeins à nos deſpens, eſtoit vne ligue de communication qui les lioit contré nous. De ſorte que, comme les qualitez premieres, quoy que contraires entre-elles, s'accordent à la deſtruction du corps qu'elles cópoſent; leurs intentions, quoy que differentes, aboutiſſoient par differens chemins à la deſolation de cét Eſtat. Vos predeceſſeurs, SIRE, ſe trouuant en cela, comme entre deux fers, paroient le mieux qu'ils pouuoient aux coups, ſelon que leur courage, ou le temps le leur conſeilloit. Mais de quelque coſté qu'ils ſe tournaſſent, tout ces expediens, que la neceſſité, qui fait la plus grande partie de la prudence en telles choſes, leurs fit prendre ſur les occurrences, ayant ie ne ſçay

comment presque tousiours plus tesmoigné leur patience que leur generosité, ne furent autre chose
pour tout que des lenitifs, plus capables d'endormir
le sentiment de la douleur, que d'oster la cause du
mal. Tout ce que l'on appelloit tréve, ou paix, n'é-
stoit, à proprement parler, qu'vne petite surceance
pour reprendre haleine, & qu'vne animosité lassee,
qui remettoit bien les especes au fourreau, mais non
pas à l'attelier. Nos maladies auoient par fois quelque allegement, ou quelque interuale, mais iamais
de guerison, ny de fin. Ce que l'on pensoit estre le
comble d'vn malheur, n'estoit que le degré d'vn autre ; c'estoit tousiours à recommencer. Vostre Majesté donnée du Ciel à la France, pour le bien commun de la Religion & de l'Estat, apres auoir recon-
nu par vne soigneuse recherche des veritables causes de nos maux, que ce que nos quatre derniers Rois
en auoient enduré, precedoit plustost de la foiblesse
de leurs côseils, que de la force de leurs ennemis, prit
il y a six ans vne resolution vrayement digne de cette
inclination naturelle, qui la porte aux choses grandes, d'arrester sur les occasions le cours de deux tor-
rents, qui pourroient quelque iour inonder à la fin ce
Royaume, & de faire voir vne fois pour toutes, que
vous estes capable de borner toutes sortes d'entreprises que l'on fait sur vous, aussi-tost que vous estes
las de les souffrir. L'insolence de ceux de la Rochelle, & la calamité de ceux de Casal, estans depuis ve-
nuës à tel poinct, que vous ne pouuiez ny supporter
l'vne sans lascheté, ny dissimuler l'autre sans iniusti-
ce, vous creustes estre obligé d'employer la force,
pour ranger vos rebelles en leur deuoir, & maintenir

vos voisins en leur heritage. Si ces desseins estoient
d'vn costé iustes & necessaires en leur cause, comme
certainement ils l'estoient, ils n'estoient pas moins
espineux, & moins hazardeux de l'autre, en leur execution : les difficultez qui s'y rencontroient de toutes pars estans si grandes, qu'à moins d'vne reuela-
tion particuliere de celuy qui tourne le monde comme il veut, on ne pouuoit se promettre absolument
de les surmonter, comme on a fait. Le premier re-
gardoit le corps entier de ceux de la nouuelle opinion, c'est à dire, sinon la plus grande, & la plus saine,
au moins la plus remuante, & la plus factieuse partie
de vos subjects. Surquoy, de tout ce que l'on pourroit
representer là dessus, pour monstrer combien il estoit
dangereux de choquer & mal-aisé de renuerser vne
telle puissance que celle-là, ie ne diray que ce mot
seul, non moins hardy que veritable. Le feu Roy, vostre pere, S I R E, tout victorieux, tout braue, tout
puissant, & tout resolu qu'il estoit, ne l'osa iamais en-
treprendre. Car de s'imaginer auec quelques-vns,
que la consideration de l'assistance qu'il en auoit re-
ceuë au besoin, fust ce qui l'en destourna, c'est estre
estranger en l'histoire de son païs. S'ils luy auoient
par fois ouuert leurs portes durant ses disgraces, s'ils
l'auoient couuert de leurs armes contre l'injure du
temps : la suitte luy fit assez reconnoistre depuis, que
c'estoit la secte de Caluin, & non pas la race de Bour-
bon, qu'ils auoient fauorisée en sa personne, & qu'ils
l'auoient tousiours mieux aimé pour compagnon de
leurs erreurs, que pour maistre de leurs villes, ne s'e-
stans seruis de luy, ny de tous ceux de sa maison, que
comme font les Architectes, de piliers & des cyn-

tres, qu'ils iettent par terre, quand ils n'en ont plus besoin. Qu'est-il necessaire de parler du refus que luy firent vne fois leurs Eglises militaires d'vn des costez de Loire de le secourir ny d'hommes ny d'argent, dans la necessité qui le pressoit ? Nous ne dirons rien non plus de cette froideur pleine de defiances & d'ombrages, auec laquelle on le receut dans la Rochelle, quelque temps apres qu'il leur eust iustifié son changement de la S. Barthelemy par sa derniere declaration de Nior. Ils n'estoient pas encore ses subjets. Arrestons-nous à ce qui suiuit son aduenemét à la Couronne. A peine auoit-il le premier pied sur le Throsne de son predecesseur, que trois petits mots, qui sentoient vn peu le soulfre du Purgatoire, détacherent de son seruice huict cens Gentilshommes, & neufs Regiments. On peut sçauoir ce qu'il en dit à Vvilkes, qu'Elizabeth d'Angleterre luy depescha quelque mois auant qu'il se conuertist. Mais sans faire venir de delà la mer ce que nous auons deçà, les memoires d'vn de ses plus confidens seruiteurs pour lors, & des plus considerables d'entr'eux, sont remplis des plaintes que faisoit ce grand Prince de la tyrannie qu'ils vsurpoient sur son authorité, par la necessité qu'ils luy vouloiét imposer de regler ses conseils sur leurs soupçons, & de leur rendre comme vne espece de compte de tout ce qu'il faisoit. Nous passons sous silence auec le reste tout le bruict de leur assemblee tenuë sur son heureux retour à l'Eglise, n'ayans dit tout cecy, que pour faire voir le peu d'apparence qu'il y a, que de peur de parroistre ingrat à des gens qui ne l'auoient iamais obligé qu'à leur profit, il eust voulu se priuer de la gloire d'vne ſi belle & ſi neceſſaire action, s'il n'euſt eſté retenu d'ailleurs. De ſe figurer auſſi auec quelques autres, qu'il les ſupportaſt pour s'en ſeruir contre les Eſpagnols dont ils ſe defioit, comme Dieu ſe ſert quelquesfois des mauuais eſprits pour inſtrumens de ſes vengeances contre les meſchans, c'eſt, pour le dire en vn mot, ſe rendre ingenieux à ſe tromper. Ils nous ont bien touſiours voulu perſuader que la France n'ayant point de plus dangereux ennemis que ceux de ce climat là, l'Eſpagne auſſi n'en a point de plus grands que ceux de leur party. Et veritablement, s'il falloit s'arreſter aux ſimples paroles, la propoſition que fit auec tant de chaleur en plein Conſeil celuy d'entre eux, que Charles IX. appelloit le Roy de l'Edict de Ianuier, & celle que fit encore de puis vn autre de leurs grands apres la priſe de la Capelle, de luy porter la guerre ſur le ſein, ſeroient bien quelques preuues de cela. Mais, ſi nous prenons les choſes comme il faut, nous reconnoiſtrons, que toutes ces belles ouuertures n'eſtoiët en effect que ruſes de vieux Cerfs pour donner le change, & ſe mettre à couuert d'vn orage, qu'ils croyoient ne pouuoir euiter qu'en le deſtournant ailleurs. Ce qui parut euidemment au voyage du Duc d'Alençon en Flandres, Pendant lequel, auſſi bien qu'en celuy de la Tercere, ils demeurerët preſque tous les bras croiſez en leurs maiſons, ſans faire le moindre effort du monde conuenable à ce qu'ils ont touſiours voulu que l'ô creuſt d'eux. Que dirons nous du ſiege de la Fere, de celuy de Cambray, & de celuy d'Amiens, qui ſeul nous importoit beaucoup plus que tous les autres enſemble? C'eſtoit auec l'Eſpagnol que ces fuſees ſe demeſloiët.

Que

Que faisoient-ils cependant? Au lieu de secourir leur
maistre de quelque petite partie de ces cinquante
mille hommes, dont ils menaçoient autresfois de
faire signer leurs requestes, ils tramoient sous le faux
nom de demandes leurs menées ordinaires à Loudun
à Chastelleraud, à Saumur, à Sainte-Foy, & ie ne sçay
où encores ailleurs, regardant de quel costé le vent
pourroit tourner : & de peur que leur miserable pa-
trie n'eust pas assez d'vn ennemy pour se perdre si
promptement qu'ils desiroient, imploroient l'assistance d'vn autre par l'entremise de Polignac, dépu-
té secrettemét en Angleterre pour cét effect. Faut-il
apres cela d'autres tesmoignages, pour prouuer que
ces si bons & si fidelles subjects, qui se vátent d'auoir
mis auec leurs espées la Couronne sur la teste de celuy que leurs erreurs en penserent dépoüiller, ont,
quoy qu'ils sçachent dire, tousiours plus craint les
Sambenits d'Espagne, qu'aimé les Lys de France,
C'est ne voir rien du tout, que ne pas voir cela. Qu'au
reste le feu Roy ne le sçeust mieux qu'hómme du
monde, comme c'est chose qu'on ne peut reuo-
quer en doute, sans luy faire vn grand tort; on ne
peut non plus, sans luy en faire encore vn plus grand,
le persuader qu'il se soit iamais rien promis de ceux
qu'il connoissoit bien. Et cela demeurant vuidé, que
ny la souuenance des seruices qu'il en auoit receuz,
ny l'esperance de ceux qu'il en pouuoit receuoir,
n'ont pas esté ce qui le diuertit de cette entreprise, à
quoy pouuons-nous plustost en attribuer la vraye
cause, qu'à l'apprehension qu'il eust de s'engager en
vne affaire, dont il iugeoit l'entree plus facile que
l'issue ? Il voyoit vn party fondé sur vn grand nom-

bre de bonnes places, fortifié de beaucoup d'intelli-
gences estrāgeres, cimenté des interests de plusieurs
Grands, & tellement appuyé d'ailleurs sur ses propres forces, que tout ce que les Roys precedens
auoient gaigné par tant de batailles & tant d'annees,
estoit d'auoir fait de leurs Edicts de paix autant
d'exemples, que l'on se peut souleuer contre le Louure, non seulement auec impunité, quand on est le
plus foible : mais auec recompense, quand on est
le plus fort. Il connoissoit l'ambition des Chefs, la
passion des Ministres, & l'insolence des peuples de
cette faction : il sçauoit leurs menees, leurs cabales,
& leur animositez : Et de se mettre au hazard de ne
pas plus faire que ceux qui n'auoient rien fait qu'ir-
riter le mal au lieu de le guerir, il n'estimoit pas que ce
fust prudence à celuy qui craint de mettre sa reputation au rabais. Ce que ie ne dis point, SIRE, pour
diminuer en façon du monde la gloire de ce genereux Monarque, que la posterité ne se lassera iamais
d'admirer : mais pour augmenter la vostre par la
loüange que ce vous est, d'auoir fait en cela plus que
luy. Qui iettant quelquesfois d'en haut les yeux ici
bas sur les ruines de cete ville orgueilleuse, que vous
auez non seulement assiegée contre l'opinion de
plusieurs : mais prise contre l'esperance de tous, y regarde maintenant auec plaisir vos trophees, tellement esleuez sur les siens, qu'ils touchent presque le
Ciel : & puis tournant la veuë sur ces autres Prouin-
ces, où vous auez dans moins de trois mois mis heu-
reusement fin à ce grand ouurage, qui sembloit de-
mander plus de trois ans, il semble que la prosperité
de vos affaires adiouste en luy quelque chose à cette

ioye infinie, qui ne reçoit point d'accroissement.
Voila quant à ce poinct-là. Pour l'autre qui touche
les Espagnols, on n'é peut pas à la verité dire de mesme, estant chose connuë de tout le monde, que sans
le malheur deplorable qui nous le rauit, ils les alloit
renfermer dans des bornes, qu'ils n'eussent rompuës
de cinq cens ans. Mais ceux qui se souuiennent de la
conjoncture des affaires de ce temps là, m'aduouë-
ront, si ie ne me trompe, que la partie qu'il auoit faite estant en toutes sortes bien plus forte que la vostre, il n'auoit pas à la moitié prestant d'empesche-
mens à rompre que vous. L'interest commun de
l'Europe auoit lié sous luy de longue main tout ce
qui peut faire contrepoids à l'agrandissement de la
maison d'Austriche. Outre ceux que les dernieres
guerres ciuiles auoient formez sur son modele, il
estoit suiuy des deux plus illustres & plus renommez
Capitaines de la Chrestienté; dont l'vn estoit attiré
par l'esperance d'vne nouuelle Couronne qu'on luy
promettoit : & l'autre animé par la haine hereditaire
qu'il portoit à cette nation. Il auoit deux ou trois
grosses & puissantes armees sur pied, qui n'atten-
doient rien que le commandement de marcher, pour
renuerser tout ce qui s'opposeroit à leur passage. A
quoy si l'on ioint cét alliage de l'argent de la Bastil-
le auec le fer de l'Arsenal, qui n'estoit pas la moindre
piece de ce grand attirail de guerre, ie ne voy pas que
de tout ce qu'ó estime le plus necessaire en telles entreprises, il s'y trouuast rien à desirer. Vostre Majesté n'a eû aucun de ces aduantages en la sienne.
Tous vos voisins, ou trop timides pour se declarer, ou

trop foibles pour vous aßister, ont regardé le ieu de
loin; ou si quelques-vns se sont joints auec vous, le
progrez a monstré qu'ils sont plus desireux de con-
seruer leurs terres, que capables de deffendre celles
d'autruy. S'il vous restoit encores quelques-vns de
ces vieux Chefs de l'autre siecle, où leur ambition in-
constante vous les auoit rendus contraires, ou leur
grande vieillesse inutile. Vous ne manquiez pas à la
verité d'hommes, mais la fatique d'vn siege de plus
d'vn an, la lögueur d'vn voyage de pres de deux cens
lieuës, & l'incommodité d'vn temps de pluyes & de
neiges les auoient tellement combattus, que s'ils
n'eußent esté puißammét animez par vostre presence, il ne falloit que les Alpes pour les arrester. Vostre
Espargne d'ailleurs estoit tellement espuisee par les
excessiues & prodigieuses despenses que vous veniez
tout fraischement de faire en ces grands trauaux de
terre & de mer, qu'vn chacun sçait que sans la pre-
uoyance merueilleuse, & l'ordre excellent de celuy
qui manie aujourd'huy vos finances, vostre armee de-
meuroit comme vn corps destitué de l'vsage de ses
nerfs, sans aucun mouuement. Et parmi tous ces má-
quemens là, s'aller tout seul opposer, comme vous fistes, aux efforts d'vn Empereur & d'vn Roy d'Espagne, conioints par l'interest naturel de leur famille, as-
sistez d'vn Duc de Sauoye, fauorisez d'vn passage oc-
cupé sur les Grisons, enflez de leurs nouuelles conquestes d'Allemagne; & tout cela, qui plus est, dans
vn païs dont ils tiennent depuis long-temps les deux
bouts & le milieu : C'est pour n'en point mentir,
SIRE, ce que nous eußions peut-estre condamné
pour vne inconsideration precipitée, si nous n'eus-

sions creu qu'apres auoir pris la Rochelle rien ne
vous peut estre impossible que ce que la raison vous
defend. L'euenement le tesmoigna. Vous vinstes, &
dissipant en moins de rien ce grand orage, qui menas-
soit toute l'Italie en la personne d'vn Prince François, luy fistes sentir ce qu'elle peut esperer ou craindre de vos armes, quand l'occasion vous les fera tourner de son costé. Que si d'auanture quelqu'vn auoit
pris vne victoire qui vous cousta si peu pour vn coup
de fortune, plutost que pour vn effort de vertu, vous
auez cette obligation à la perfidie de ceux qui mesu-
rent la foy de leurs traittez à l'vtilité de leurs affaires,
que vous ayans donné suiet de reprendre bien tost
apres le mesme chemin, ils vous donerent en mesme
temps le moyen de faire paroistre que vostre bon-
heur n'est pas vn cas fortuit, & que vous sçauez en
core mieux l'art de vaincre, qu'eux celuy de tromper. Vous ne veniez que de donner le dernier coup
à la rebellion qu'ils fomentoient tousiours, quand
vne nouuelle équipee Espagnolle vous offrant nouuelle matiere de gloire vous contraignit de retour-
ner sur vos pas. Vous retournastes. Qu'est-il necessaire d'adjouster autre chose? Ce seul mot, lors qu'on
parle de vous, comprend tout. Que s'il faut l'estendre vn peu plus, ie diray qu'apres auoir dans peu de
temps conquis toute la Sauoye, & la meilleure partie du Piédmont, apres auoir terrassé vos ennemis en
tous les lieux, dont ils vous oserent contester le passage, Et finalement apres auoir fait perdre l'escrime
auec la raison à ce vieux routier, qui s'estant vanté
d'emporter la ville qu'il assiegeoit dans quarante
iours, n'emporta pour tout en l'autre monde auec

le defpit de ne l'auoir peu prendre, que l'honneur de s'eftre enterré dans vos triomphes; vous miftes en liberté ceux que l'on vouloit opprimer, raffeu-raftes vos alliez, & reftabliftes la reputation du nom François parmy des peuples, où depuis quatre-vingts ans il n'eftoit quafi plus connu que par le mefpris qu'on en faifoit. Quels prodiges, Sire! quels mi-racles! Nos peres n'en virent iamais de pareils. Que cette antiquité caioleufe, qu'vne prefcription de vingt fiecles a mife en poffeffion de métir tant qu'el-le veut fans contredit, nous oppofe, fi bon luy fem-ble, cét Alexandre qui prit la ville de Tyr, & ce Ca-mille, qui deliura celle de Rome; quand en vertu de fon priuilege elle nous aura fait paffer toutes fes fa-bles pour hiftoires, la prife de la Rochelle, & la deli-urance de Cafal fe trouueroiét aprestout auoir quel-que chofe de plus grand que tout ce qu'ont iamais fait ces gens-là. Ce n'eft pas la France feule qui le dit, c'eft toute l'Europe qui l'aduouë, & qui reconnoift en mefme temps, que comme il eft impoffible de de-fendre contre vous les places que vous entreprenez d'emporter, il eft impoffible auffi d'emporter celles que vous entreprenez de defendre. De forte, que ce que la feule tolerance de quelques vns de vos deuan-ciers fembloit auoir rendu veritable iufques à cette heure en la bouche de ceux qui le difoient d'ordinai-re; Qu'il n'appartenoit qu'aux Efpagnols à faire des fieges, & qu'aux Huguenots à les fouftenir, a com-mencé d'eftre faux, lors que vous auez acheué d'eftre endurant.

Que la gloire de ces deux heureux fuccés, comme de tous les autres, ne foit deuë à Dieu premierement,

autheur de tout bien, cette pietté qui tient entre toutes les vertus de vostre ame le mesme rang que V. M.
tient entre toutes les puissances de la terre, ne vous
permet pas d'en douter. Vous estes trop religieux,
SIRE, & trop iuste, pour dementir vn si pieux & si
veritable sentiment. Mais, comme apres Dieu, qui
s'est en cela seruy de vostre bras, pour chastier les rebelles, & pour defendre les opprimez, on ne peut
nier, que vous ne meritiez tout l'honneur qui s'en
peut attribuer à l'homme : on ne peut desaduoüer
non plus qu'apres vous, cét incomparable Cardinal,
sur la conduite duquel vous vous estes deschargé de
la plus grande partie de ce pesant fardeau, n'y doiue
prendre la plus grande part. Ce que ie dis d'autant
plus hardiment, que la declaration que vous en auez
faite, tant par escrit que de viue voix, sur diuerses occasions, en est vne preuue, qu'on ne peut debattre
sans vous faire plus de tort qu'à luy. Et que vostre iugement fust en cela conforme à vostre discours, ce
qui s'est passé depuis peu sur son sujet l'a tesmoigné
clairement. Les mauuais rapports de ie ne sçay quel-
les gens, à qui l'esclat de sa vertu fait mal aux yeux,
auoient rendu ses bons seruices tellement suspects à
la personne du monde qu'il reuere, comme il doit, le
plus apres la vostre, que quand il voulut ouurir la
bouche pour luy presenter ses raisons, il ne trouua
point d'oreille vuide pour les receuoir. Ce coup luy
toucha l'esprit d'vn desplaisir si sensible, que reputant
son mal-heur à crime, il se resolut de ceder volontai-
rement à l'enuie, & de descendre doucement de luy-
mesme d'vne place, d'où l'on taschoit par tous moyés
de le faire tomber. A cét effect il vous demanda per-

miſſion de ſe retirer où voſtre Majeſté luy comman-
deroit, auec cette proteſtatió, que pourueu qu'elle luy
conſeruaſt l'honneur de ſes bonnes graces, il s'eſtime-
roit touſiours tres-heureux de pouuoir entendre ſeulement d'où que ce fuſt, les bons ſuccés dé vos affaires, ſous l'adminiſtration de celuy que vous mettriez
en ſon lieu. Vous luy deniaſtes abſolument ce qu'il
vous demandoit; & pour teſmoigner que les artifices
de ceux qui ſeduiſent l'eſprit de la meilleure Princeſ-
ſe de l'Vniuers, abuſoient de ſon authorité pour affoiblir la voſtre, auoient moins eu de pouuoir ſur
vous, que les ſeruices de celuy qu'ils vouloient rui-
ner: vous vouluſtes faire connoiſtre à vn chacun, que
vous eſtant touſiours ſeruy tres-vtilement de luy par
le paſſé; rien n'eſtoit capable de vous empeſcher de
vous ſeruir encore de meſme à l'aduenir. En quoy,
SIRE, vous fiſtes certainement vn acte de telle importance au bien de vos affaires, que ſi ie l'appelle
icy, comme ie fais, VOSTRE COVP D'ESTAT,
ie penſe que c'eſt auec autant de verité que de raiſon.
Car bien que les autres que vous auez diuerſement,
faits ſur pluſieurs occurrences en grand nombre,
ſoient peut eſtre paſſez dás l'admiration des peuples
auec plus de bruit & plus d'eſclat que celuy-cy, l'on
peut neantmoins dire en quelque façon, que ce bon-
heur qui vous accompagne en tout ce que vous faites, & ce courage à qui rien n'eſt mal-aiſé que ce qui
ne vous ſemble pas iuſte, ayans eſté ſecondez en tout
le reſte de l'incomparable prudence, & de la ſoi-
gneuſe conduite de vos Miniſtres, la gloire n'en eſt
pas à dire le vray tellement voſtre, que beaucoup de
gens n'y puiſſent, ſans vous offenſer, pretendre quelque

que peut droict. Mais la resolution que vous prístes
sur le champ en cecy, ne venant que de vous seul, qui
sçauiez mieux que tout autre, côbien il vous importoit de la prendre, la loüange vous en appartient
si pleinemét, que personne ne la peut partager auecques vous. Qui d'ailleurs ayant fait connoistre par
cette procedure, que vous sçauez aussi constamment
maintenir, que choisir prudemment ceux qui vous
sont vtiles en l'administration de vos affaires, auez
gaigné cet aduantage par là, que vos seruiteurs se
voyans asseurez d'auoir en vous vn puissant second
contre tous les ennemis, que la generosité de leurs
conseils leur pourroient exciter, n'auront plus à de-
liberer d'orenauant auec autre qu'auec eux mesmes
sur les propositions que V. M. leur fera. C'est ce qui
leur redoublera le desir de bien faire, ce qui leur en
accroistra le courage, & ce qui leur en facilitera le
moyen par l'affermissement de leur authorité. Qui
faisant partie de la vostre, ne peut iamais estre trop
soigneusement conseruee. Ce que le feu Roy d'heureuse memoire entendant tres-bien, il se monstra
telle ment ialoux de fortifier la sienne en la personne
de ses principaux Officiers, que sur des occasions qui
se presenterent, il les supporta tout ouuertement
contre quelques-vns de ses plus proches mesmes.
L'Empereur Charles Quint, à ce que nous lisons de
luy, eut tousiours aussi ce poinct en pareille recom-
mandation. Et peu de Princes ont fait autrement,
qu'ils ne s'en soient mal trouuez. C'est pourquoy ie
ne me puis assez estonner que nostre Charles VII.
fort-dure d'ailleurs en toutes choses, se laissast aller
iusques là, que d'acheter l'amitié des Ducs de Bour-

C

gongne & de Bretagne, par la deſtitution, qu'il luy
demandoient de ces trois ou quatre confidents, qui
l'auoient ſi dignement ſeruy contre eux. Si le meſme
fuſt arriué durant l'indiſpoſition de Charles VI. ſon
pere, ou durant la captiuité de Iean ſon biſayeul, ie
ne l'euſſe pas trouué fort eſtrange, apres toutes ces
autres indignitez & violences, qui furent inhumai-
nement exercees de leur temps ſur les leurs, leur
mauuaiſe fortune eſtoit leur iuſtification : mais que
celuy, que ſes grands & ſignalez faicts d'armes firent
ſurnommer le Victorieux, raualaſt de tant ſon courage, que de rendre de cette façon à ſes ennemis les
armes meſmes dont il les auoit autresfois battus, ce
fut à mon aduis, non ſeulement vne laſcheté peu conuenable a ſa reputation, mais vn grand peché d'Eſtat,
qu'autre choſe que la deffaite entiere des Anglois
ne luy pouuoit faire pardonner. Et veritablement,
comme ce n'eſt pas le faict d'vn bon ouurier, que
d'affoiblir les inſtrumens dont il s'ayde, ce n'eſt pas
celuy d'vn bon meſnager non plus, de les caſſer à
tous coups pour en prendre d'autres, qui ne ſont
poſſible pas ſi bien faits. La Reyne, voſtre Mere,
SIRE, a qui cét Eſtat doit ſa reſtauration auec voſtre naiſſance, ſe garda bien de tomber en cette faute, il y a quelque temps. Chacun ſe peut encore ſou-
uenir des plaintes que ſur la quatrieſme annee de ſa
Regence firent quelques Grands du Royaume, contre ceux qui tenoient les premiers rangs dans voſtre
Conſeil. Il n'eſt ſorte d'artifice que l'on n'employaſt
pour les perdre. Sa Majeſté vit tout auſſi toſt ou le
mal tenoit ces gens-là. Et iugeant tres-bien ſelon ſa
prudence ſinguliere, que le contre-coup de cette

atteinte porteroit sur son authorité, comme il eust
fait sans doute, & que ce seroit faire chose indigne
non pas tant de sa generosité seulement, mais de sa
conscience mesme, de sacrifier par vne espece de ba-
nissement la vieillesse de vos anciens seruiteurs à la
passion de quelques particuliers, elle les maintint la-
gement dans la dignité de leurs charges, & destour-
nant de dessus leurs testes blanches la disgrace dont
cette nuée les menaçoit, les obligea par ce bien-fait à
mieux faire que iamais. Ce qui luy succeda si bien,
que par la continuation de leurs bons & salutaires
aduis elle s'aquit depuis la gloire qui luy demeurera
tousiours, de n'estre pas moins la mere du Royaume
que du Roy, Ie ne sçaurois lire la response qu'elle fit
à quelques lettres que les mescontens publierent là
dessus, que ie ne desire de pouuoir grauer de paroles
suiuantes, non pas dans les cabinets, mais dans les
esprits de tous les Souuerains, pour leur y seruir de
preseruatif contre les charmes des fausses impres-
sions qu'on leur donne bien souuent de ceux, dont
ils ne peuuent quelquesfois non plus se passer, que se
plaindre. Il est facile, disoit-elle lors, de descrier les
actions de ceux qui manient les affaires publiques,
le nombre des mal-contens & ennieux du bien
d'autruy est grand, le desir de ceux qui s'ennuyent
du repos n'est pas moindre. Que se pouuoit-il dire
de mieux là dessus en si peu de mots: Il est aisé de
vray, pour ce qu'estant de leurs deportemens, comme des visages de ces anciens Empereurs, à qui l'i-
dee du Peintre preste la figure qu'il luy plaist, faute
d'en sçauoir la vraye, il ne faut pas estre beaucoup

C ij

ingenieux pour les rendre suspects au peuple, qui ne
sçachant iamais bien ce qui se passe, ne croit rien si
volontiers que le mal qu'on luy dit de quelqu'vn. La
pluspart des hommes par ie ne sçay qu'elle malignité
naturelle, regardét ordinairement le bon-heur d'autruy de trauers, & se figurans que le monde n'est bien
fait qu'autant qu'il va selon qu'ils desirent, comptent
entre les desordres publics tout ce qui ne s'accom-
mode pas à leurs interests particuliers. Voyez-vous,
SIRE, cette foule importune de gens, à qui la plus
superbe, & la plus spacieuse ville de l'Vniuers, deuient tous les iours plus estroitte à mesure qu'elle
deuient plus grande? Quelque diuersité de conditions ou de couleurs qui les distingue entre eux, ils
se ressemblent tous en ce poinct, que des meilleurs
conseils que vous prenez de vous mesme, ou que
vous receuez d'autruy, rarement en approuent-ils
aucun, s'il n'est moins aduantageux à vos peuples
qu'à leurs desseins. Ils n'ont point d'autre pierre de
touche en cela que leur vtilité. Si l'vn n'emporte le
benefice qu'il guette au passage! si l'autre ne par-
uient à quelqu'vn de ces honneurs, de l'esperance
desquels il nourrit la vanité de son ambition: si celuy-là ne rencontre la faueur qu'il cherche pour
auoir vne pension sur les menus plaisirs, si cestuy-
cy ne demeure en possession de faire dans l'exercice
de sa charge toutes ces griuelees que la corruption
des mœurs a tournees en coustume, & la coustume
en art: Bref si chacun n'obtient, ou ne fait tout ce
qu'il poursuit, & tout ce qu'il veut, ceux qui gou-
uernent gastent les affaires, il en faut mettre en leur
place qui fassent mieux, autrement il n'y a plus que

tenir, l'heresie & la faction vōut perdre l'Estat. Et là dessus, si ce sont gens à qui leur curiosité puisse auoir donné tant soit peu de connoissance de l'histoire, le testament de sainct Remy, & la vision de Basine, auec quelques vieux lambeaux de Centurie ne leur manquent pas, pour enrichir le lieu commun des miseres du temps. Mais veut-on faire changer de langage à ces graues censeurs, qui portét sur le sourcil le restablissement du Royaume, & remedier promptement aux malheurs qu'ils déplorent? Il n'est pas besoin d'vne conuocation d'Estats, ou d'vne assemblée de Notables; cela seroit trop long. Que l'on coiffe seulement d'vne mithre la teste de l'vn, que l'on enuoyé vn breuet de Mareschal de France à l'autre, qu'on laisse entrer au petit coucher celuy-là, qu'on permette à cestui-cy de grabeler à son aise sur les deniers qu'il manie; ce n'est desia plus ce que c'estoit, tout va le mieux du mōde, le Roy ne fut iamais mieux conseillé ny iamais le Royaume plus florissant. Et certainement s'il y auoit moyen de donner à chacun la satisfaction qu'il desire, ce seroit bien le plus court. Mais pource qu'entre plusieurs qui se proposent souuent pour but ce qui ne peut estre quelquesfois que le prix d'vn seul, il est impossible de se conduire de telle sorte, que l'on n'offense toushiours plus de gens qu'on n'en contente, il ne se faut pas estonner, si ceux qui iugent de la disposition de l'estat par l'estat de leur maison, comme font la plus
part, attribuans presque toushiours leur mauuaise constellation à la mauuaise conduite des Ministres, leur en veulent premierement de ce qu'ils ne trouuent pas leur compte

auec eux: & puis passans, comme c'est la coustume,
de la mal veillance à la haine, & de la haine à la ven-
geance, qui la suit ordinairement, ils remuent Ciel &
Terre, pour oster d'vne place que d'autres dont ils
pourroient esperer plus de faueur pourroiét possible
tenir. De là viennent, SIRE, toutes ces querelles
qu'on leur fait, de là toutes ces parties qu'on leur
dresse, de là toutes ces charitez qu'on leur preste, &
de là toutes ces calomnies qu'on leur impose: qu'il
leur est d'autant plus malaisé d'euiter, que cette sorte
de batterie faisant plus de mal que de bruit, on sent
toushours plustost où porte le coup, que d'où il vient.
Le Connestable du Guesclin en auoit pour le certain
appris quelque chose, quand auant qu'accepter l'es-
pée que Charles V. le contraignit de prendre, il voulut tirer cette parole de luy, qu'il ne le condamne-
roit iamais sans l'auoir oüy premierement en la presence de ceux qui l'auroient accusé. Ce qu'il seroit
besoin que tous les Princes pratiquassent soigneusement, non seulement ceux qui les seruent, mais eux
mesmes s'en trouueroient beaucoup mieux. Ils auroient par ce moyen l'esprit affranchy d'vne infinité
de chagrins & de soupçons, qui le leur troublent
tellement par fois, qu'vn de nos plus iudicieux Histo-
riens ayant remarqué que depuis vn certain temps
iusqu'au sien, peu de nos Rois auoient passé la soi-
xantiesme annee; il en rapporte la cause à la trop facile creance qu'ils donnoient aux malignes impres-
sions de certaines gens, qui leur remplissans la teste
de mille fascheuses imaginations, sources ordinaires
d'autant de maladies dangereuses, leur aduançoient

malheurefement leurs iours , apres leurs auoir fait
efloigner ceux de qui la prefence leur pouuoit eftre
& plus vtile & plus agreable. Et tout cela, dit-il,
faute d'obliger ceux qui les entretiennent de ces dif-
cours, de verifier ce qu'ils difent, au lieu de fomenter
leur malice, ainfi que font quelques-vns , en leur
promettant de ne les point nommer. Ce ne fut donc
pas fans fuiet, que cét excellent Capitaine dont ie
viens de parler, vfa de cette precaution fur l'entree de
fa charge. Toutesfois, puis que la premiere partie de
la fageffe eft, à ce qu'on a dit il y a fort long temps,
de ne croire pas tout ce qu'on dit, il femble que fa de-
mande fut fuperfluë à l'endroit de celuy qui ne pouuoit faire autrement fans deroger à cette vertu, dont
il porta fur le nom. Il l'effaya depuis. Ce qui ne luy
fut pas vn petit aduantage en ces grandes & memo-
rables actions, qui fignalerent fa valeur, non feule-
ment dans le Royaume, mais iufques aux fonds de la
Caftille mefme. Ou, fi ce renommé Ximenes, de qui
la vie fait la plus belle partie de l'hiftoire de fon téps,
n'euft rencontré le mefme fupport , il n'euft point
fans doute porté iufqu'au tombeau , comme il fit
ce pouuoir abfolu , qui fut par maniere de dire,
comme le nerf de tout ce qu'il executa genereufe-
ment pour le feruice de ceux qui le fouftenoient. Iamais homme n'y fit de plus grandes chofes, iamais
homme n'y receut de plus grandes trauerfes. Sa faueur rendoit fa vertu crimmelle, & tournoit la caufe
de fa gloire en occafion d'enuie. Toutes fes meilleures actions eftoient le plus mal interpretees. La guerre qu'il porta dans l'Afrique, & la paix qu'il maintint

dans l'Espagne, furent deux pieces de son administration, qu'on ne peut assez estimer. Et toutesfois
beaucoup de gens murmuroient, qu'il n'auoit en-
trespris celle-là que pour faire passer la mer à Ferdinand là dessus, & regner dans son absence; ny con-
serué cette-cy, que de peur de dóner occasion à Charles de la passer, s'il laissoit naistre quelque trouble où
sa presence fust necessaire. L'vn aussi faux que l'autre,
comme l'euenement le monstra. Mais il eut tousiours
ce bon-heur particulier de seruir des Princes, qui
croyoient plutost ce qu'il faisoit pour eux, que ce
qu'on leur disoit de luy. Quoy que sceussent dire ces
courtisans, qui ne pouuoient supporter que le grand
Capitaine fist, comme ils parloient, le Moine à
Vailladolit, pendant qu'vn Moine faisoit le Capitaine vers Oran; & quoy que sceussent faire le Connestable Vélasque, le Duc d'Albe, le Duc de l'Infanta-
de, le Comte d'Vrennes & son fils, Adrian d'Vtrech
creé depuis Pape, Nauarre, Vianelle, & plusieurs autres, qui se faschoient de luy voir si long temps entre les mains ce qu'ils desiroient de faire tóber entre
les leurs: ils ne luy peurent iamais faire perdre tant
soit peu de cette authorité, qu'il cóserua toute entiere iusqu'à la fin dans la bien-veillance de ceux qu'il
seruoit. Car il se voit dans l'histoire de ce païs là que
Ferdinand, qui le faisoit tousiours asseoir & couurir,
ainsi que Henry VIII. d'Angleterre le pratiqua depuis en la personne d'vn autre de mesme qualité, fust
trois ou quatre lieuës au deuant de luy, sur le commencement de la maladie mesme dót il mourut, auec
toute sa Cour, comme il auoit accoustumé de faire
lors qu'il reuenoit de loin. Et, sans parler de Philippe
qui

qui dura si peu, personne ne doute que Charles son
successeur ne l'eust eu en pareille consideration, mal-
gré toute la ialousie de ses Flamans, s'il l'eust peu ga-
rentir de la mort, qui le luy rauit, auant que l'auoir
seulement peu voir. Isabelle de Castille, qui de son
Confesseur l'ayant fait son confident, le donna depuis
à son mary, ne tesmoigna pas moins de prudence en
ce faict. Le General de l'Ordre, dans lequel Ximenes auoit pris autresfois l'habit, ne pouuant tirer de
sa faueur, ny pour luy, ny pour les siens, ce que son
ambition s'en estoit promise, & suscité d'ailleurs,
comme creurent quelques-vns, par les emulateurs
secrets de sa fortune naissante, se resolu de le renuerser. Sur ce dessein il aborde vn iour cette Princesse,
& s'espandant auec beaucoup d'insolence en toutes
sortes d'injures contre luy, la voulut porter à se def-
faire d'vn homme, non moins indigne, à ce qu'il disoit, pour la bassesse de son origine, qu'incapable
pour son ignorance de l'honneur qu'elle luy faisoit.
Vn esprit de commune trempe se fust sans difficulté
laissé d'abord éblouïr aux premieres apparences d'vn
discours que luy faisoit vn homme de cette profession. Elle, qui n'auoit rien de son sexe que ce qu'il a
de beau, reconnut la malice couuerte du personnage,
& le renuoyant, comme son impudence meritoit,
auec autant de confusion que de honte dans son cloi-
stre, coupa chemin par cét exemple aux entreprises
de telles gens à l'aduenir. Personne ne lira cecy qui
ne die qu'elle fit beaucoup pour Ximenes, & dira
vray; i'estime toutesfois qu'elle fit beaucoup plus
pour elle & pour sa posterité: estant certain, que ces
glorieuses victoires qui rangerent les Mores à la rai-

D

son, ces grandes nauigations qui furent les clefs des
terres neufues, & ces autres belles actions tant de
paix que de guerre qui firent l'ouuerture, par où la
bonne fortune entra dans la maison d'Espagne, furent les recompenses de ces paroles auec lesquelles
elle maintint celuy, qui fut depuis l'instrument de
toutes ces choses là. Et considerez icy, s'il vous plaist,
SIRE, en passant, de quelle importance est quelquesfois ce qu'on estime n'auoir aucune suite dãs les
affaires du monde, faute de la preuoir. Quand Isabelle eust renuoyé là dessus Ximenes à son Archeuesché
de Tolede, le pis qu'on en eust dit eut esté, qu'elle
auoit trop legerement ruiné son ouurage. L'histoire
eust franchy ce pas, comme vn euenement ordinaire
auecques trois mots. Et neantmoins ce coup là faisoit auorter en la cheute d'vn seul hõme le principe
de toute cette grandeur, où la race d'Austriche est
montee depuis. Il se trouue maintenant quelque
chose de semblable en la personne de cét autre grand
Cardinal, dont ie parle. Il y a quatre ans qu'vn certain genre d'hommes, que sa reputation & son authorité ne laissent point dormir, font vne lõgue trai-
nee d'intrigues iusques dans les cabinets du Louure,
pour vous l'oster par l'entremise de celle mesme, qui
vous l'a donné. Si leur mauuais dessein eust produit
dés lors dans l'esprit de cette sage & vertueuse Princesse vn effect conforme à leur desir, V. M. peut iuger
à cette heure, quel prejudice & quel dommage vous
en eussiez receu. Possible que la Rochelle seroit
maintenant la retraitte des Anglois, & Casal la proye
des Espagnols. Ie ne veux pas nier que cette valeur,
à qui la faueur diuine semble auoir associé la victoire

en voſtre perſonne, n'euſt pû venir à bout des vns &
des autres ſans luy, ſi vous l'euſſiez entrepris; ce ſe-
roit vne eſpece de blaſpheme que de le penſer ſeulement. Mais il ſe peut faire, SIRE, que d'autre vous
portans à d'autres deſſeins, vous euſſent laiſſé perdre
vne occaſion, qui ne fuſt poſſible iamais reuenuë. La
retrogradation d'vn ſeul Aſtre altere toute vne in-
fluence du Ciel; & Dieu meſme n'exerce icy bas ſa
puiſſance ordinaire, que par la concurrence, & ſelon
la diſpoſition des cauſes ſecondes dont il ſe ſert. Ie
paſſeray bien plus auant. Qui ſçait, SIRE, qui ſçait
ſi Dieu ne vous l'a pas donné pour la côſeruation de
voſtre perſonne? Chacun ſçait les fruicts que vous
auez deſia receu de cette conſtance auec laquelle la
Reyne voſtre mere ſe roidit au commencement contre la malice de ceux qui la vouloient aigrir contre
luy: la reſolution que vous proteſtates derniere-
ment, d'auoir priſe de le proteger contre les calomnies de tous ſes enuieux, ne vous en apportera pas de
moindres. Qui peut deuiner ce que caché l'aduenir? Vous eſtes, Dieu mercy, tres bien auec le Roy
d'Eſpagne pour cette heure, & ſi les vœux communs
des gens de bien ont lieu, vous le ſerez encore long-
temps. Mais la prudence humaine veut que l'on pren-
ne quelquesfois les choſes au pis, & que l'on pour-
uoye de bonne heure à ce qui peut arriuer. Et s'il ar-
riuoit, comme ce n'eſt pas choſe impoſſible, que la
mauuaiſe deſtinee de la Chreſtienté vous fiſt entrer
tous deux en quelque rupture, ie ne doute nullemét,
SIRE, que l'aſſiſtance d'vn ſi ſage, ſi genereux, &
ſi fidele Miniſtre ne vous fuſt plus vtile que iamais.
I'ay fait ſouuent en moy-meſme la comparaiſon de
D ij

ces deux peuples qui tiennent auiourd'huy sous vostre Majesté tres-Chrestienne & sous sa Majesté Ca-
tholique tout le reste de l'Europe en balance. Apres
auoir soigneusement consideré ce qu'ils peuuent
auoir de plus ou de moins l'vn que l'autre pour se
maintenir ou pour s'accroistre, ie trouue que la force
des armes & la prudence consiste entre les deux pi-
uots, sur qui tourne la duree & la gradeur des Estats,
côme nous auons tousiours eu pour le premier plusieurs aduantages sur eux, qu'ils ne nous sçauroient
oster; ils en ont eu depuis quelque temps quelques-
vns pour le second sur nous, que vous leur auez ostez
aussi tost que vous auez mis le timon de vos affaires
entre les mains de celuy, dont il est maintenant que-
stion. Vostre Maiesté me permettra, s'il luy plaist,
de m'estendre vn peu sur ce discours, qui ne luy sera
point, à mon aduis, entierement des-agreable. Ie
commenceray par les armes. Charles Quint, qui iet-
ta dans son païs les premiers fondemés de cette nouuelle puissance, à qui la Chrestienté n'en voit point
auiourd'huy d'égale que la vostre, faisoit trois nerfs
de la guerre, les finances, les viures & les Soldats,
Pour le premier, ceux qui se souuiennent d'auoir veu
depuis vingt & cinq ans en çà chez vn des Tresoriers
de vostre Espargne, vn Estat particulier de ce qui se
leue sur les subiets d'vn chacun de vous deux, sçauét
le peu de difference qu'il y a pour ce regard. I'en ay
veu mesme qui s'opiniastroient à soustenir, que si on
auoit compté fidellement auec les Testerdars du
grand Seigneur, il ne s'y trouueroit pas gueres plus
d'inegalité. Mais cela ne nous regarde point: Il suf-
fit que de ces quinze cens trente-six millions d'or,

qui selon la supputation qu'on en fit il y a treize ans
sur les regiſtres de Seuille, leur ſont venus des Indes
Occidentales, pour l'intereſts des douze mille ducats
que leur en couſta la premiere deſcouuerte ; il y en a
beaucoup plus auiourd'huy chez nous, que chez eux,
à qui neantmoins il en faut beaucoup plus qu'à nous,
tant à cauſe de la grande eſtenduë de leurs terres, que
leur ſeparation rend preſque toutes frontieres, que
pour la diuerſe liaiſon de leurs entrepriſes, qui l'obli-
gent à des frais d'autant plus grands, qu'ils font preſque toutes choſes auec plus d'or que de fer. Pour le
ſecond, perſonne n'ignore, qu'excepté certains en-
droits en petit nombre, le reſte de l'Eſpargne, principalement du coſté du Nord : eſt tellement infertile,
qu'il ne faut que ſimplement leur deffendre l'entree
de nos Havres, pour leur faire confeſſer ſans autre
geſne, que la Nature a pourueu beaucoup plus ſoi-
gneuſement à nos commoditez qu'aux leurs. Reſte
le troiſieſme, dont l'importance eſt telle en cecy, que
le meſme Charles V. auoit accouſtumé de dire, que
ayant de bons hommes, il ſe faiſoit fort d'oſter ai-
ſément les deux autres aduantages à ſes ennemis. Et
que nous n'en ayons generalemét de beaucoup meilleurs qu'eux, c'eſt ce que ceux-là ne feront pas difficulté d'auoüer, qui ſçauent que la pluſpart des leurs
ne s'embarquent pour aller à la guerre hors de leur
pays, qu'à force de coups de baſton ; au lieu que les
noſtres ſe deſrobent pour l'aller chercher aux quatre
bout du monde, quand elle leur manque aupres
d'eux ; & prenans de deux cens lieux la poſte pour
ſe trouuer à vne bataille, vont auec le meſme viſage aux hazards, que les autres aux triomphes. C'eſt

pour ce qui concerne le courage. Pour ce qui regarde le nombre ; ce peu de gens que la qualité de leur climat, & la sterilité de leur terroir est capable de produire & de nourrir, estant presque tout espuisé par leurs nauigations de deux Indes, & par leurs garnisons d'Italie & de Flandre, ce qui leur en reste est si court, qu'on a remarqué que dans les plus grands efforts qu'ils ayent faits, il ne s'est iamais trouué plus de sept mille naturels Espagnols. Qui n'estans soustenus bien souuent que d'estrangers ramassez, aussi diuisez d'interests que differens de visages, n'ont pas dequoy se comparer à ces effroyables armees Françoises, dont à l'imitation de vos deuanciers, vous couurirez les campagnes quand bon vous semblera, sans emprunter vos voisins. Comme vous pouuez dire auec vn de nos Papes, que vous n'auez qu'à mettre la main à la plume pour auoir tant d'argent que vous voudrez au besoin: Vous pouuez dire auec vn de ces anciens Capitaines Romains, que vous n'auez qu'à battre du pied la terre, pour en faire sortir tant de Regimens qu'il vous plaira. Ie sçay bien l'estat qu'on fait depuis quelque temps de leur discipline : mais ie sçay bien aussi ce qu'en ont escrit il y a plus de cent ans ceux de leur nation mesme, qui recherchans la cause du peu de progrez que faisoient leurs armes au loin, l'attribuent à l'arrogance sourcilleuse des leurs, qui ne pouuans souffrir d'estre commandez à la guerre que par leurs Rois en personne, donnoient plus de peine à leurs Chefs qu'à leurs ennemis. Leurs histoires propres font foy, que les premiers exemples de mutinerie sont venus de leurs Soldats, qui seuls en ont plus fait dans les armées que tous les autres ensemble. Que si l'on me respond qu'ils ont bien changé depuis, ie replique qu'il est en nostre puissance de faire qu'on en die autant de nous: dōt il ne faut point d'autre caution que la Rochelle, ou l'experience fit voir à vostre Maiesté que le François sçait mieux que peuple du monde obeir, comme il doit, quand on luy sçait commander comme il faut. Il ne tiendra qu'à vous, S I R E, qu'il n'en soit de mesme par tout ailleurs. Et quand cela sera, ie m'asseure que ceux dont nous parlōs ne nous assailliront iamais, qu'ils n'ayent pour le moins la moitié du mal, aussi bien que de la peur. cela s'est veu par le passé. Quoy qu'ils ayent remué presque toute l'Europe contre nous, & qu'ils nous ayent ietté tout à la fois les forces de vingt-cinq ou trēte Royaumes sur les bras ; ils n'ont pourtant gueres accourcy nos limites. S'ils nous battent de Pauie & de sainct Laurent, nous n'auons qu'à leur opposer Rauenne & Cerisolles pour leur clorre la bouche. Mais comme ils sont contrains d'aduouër qu'ils n'ont iamais rien gaigné sur nous, tāt que nous en sommes venus aux prises ; nous ne pouuons nier aussi qu'en tous les traitez que nous auons faits autresfois ensemble, il n'y soit tousiours plus demeuré du nôtre que du leur. ce n'est donc point la force ouuerte de leurs armes que nous deuons craindre, tant qu'ils prendront cette voye, ils ne s'en retourneront qu'auecques pertes. Quoy donc ? La trame secrette de leurs menees. C'est par là que, comme i'ay dit cy-dessus, ils ont iusqu'à cette heure gaigné les deuants sur nous. Il leur faut rendre en cecy le tesmoignage que la verité leur

doit. Leurs desseins sont ordinairement plus cou-
uerts & mieux suiuis que les nostres. Ils les con-
duisent auec vne profonde patience, par de longs
destours iusqu'au but qu'ils se sont proposez : si
l'on ne leur couppe chemin de bonne heure, tost
ou tard ils y viennent. Deux choses leur donnent
principalement cela. L'vne, que la direction de
leurs affaires importantes passe par moins de testes:
Et l'autre, qu'elle ne change pas si souuent de
mains que parmy nous. Que l'on voye leurs histoires depuis cent ou six vingts en ça : à peine se
trouuera-t'il durant tout ce temps-la plus de Ministres que de Rois. Ximenes fut seul absolu sous
Ferdinand, le Cardinal Granuelle sous Charles cin-
quiesme, Ruy Gomes de Sylua sous Philippes second, le Duc Cardinal de Lerme sous Philippes
troisiesme, & le Comte Duc d'Oliuares sous celuy de maintenant. Leurs Maistres ne faisoient iamais rien de grand que par leurs aduis. Que s'ils
deliberoient par fois auec quelques autres sur certaines occurrences, ils les resoluoient toussiours
chacun auec leur particulier confident. Ce que
les nostres n'ont gueres pratiqué ; fors que
François premier, qui sur la fin ayant fait retirer son Connestable, emprisonner son Admi-
ral, & condamner son Chancelier pour les causes qu'vn chacun peut sçauoir, ramassa toute l'authorité qu'il auoit partagee entre ces trois, en la
personne de celuy qu'il enuoya querir tout exprés
en Piedmont, pour luy commettre l'administration
entiere de ses affaires. Dont il se trouua si bien, que
par

par son testament, il exhorta son fils à suiure le mesme chemin. S'il s'en esloigna, comme il fit tout aussi tost apres, on sçait que pour s'estre seruy de plus de gens, il n'en fut pas mieux. Aux contraire tout alla plus mal depuis. Ie ne m'en estonne pas: ce que ce Prince disoit autresfois de la multitude de les Medecins, plusieurs autres le pourroient dire de la multitude de leurs Conseillers, que c'est ce qui les a perdus. Les raisons en sont euidentes. S'il est mal-aisé, comme certainement il l'est, de trouuer vn homme pourueu de toutes les qualitez necessaires au gouuernement d'vn Estat, il l'est bien encore dauantage d'en trouuer plusieurs en vn siecle, où les gens de bien sont plus rares beaucoup que du temps d'Alphonse Roy de Naples, qui oyant dire vn iour que les Carthaginois estoient d'aduis de donner pour Gouuerneurs à leur ieune Prince sept hommes sages, qui craignissent Dieu, rendissent iustice, & fussent exempts de toute passion, respondit à ceux qui luy faisoient ce discours, que s'il en sçauoit seulement deux en qui toutes ces conditions se rencontrassent au poinct qu'on les desiroit, il leur partageroit volontiers son propre Royaume. Et le mal est, que comme l'indisposition d'vn membre affecté altere quelquesfois la bonne constitution de tout le reste du corps, il ne faut que l'ignorance, ou la malice de l'vn pour gaster tout ce que les autres ont de bon. Ils ne pensent la pluspart du temps qu'à fortifier leur credit, & deliberans plus auec leur interest qu'auecques le seruice de leur maistre, se contrebuttent auec que tant d'animosité, que pour éuiter les incon-

ueniens qui prouiennent de cette ialousie, on est
contrainct par ois de prendre l'aduis de chacun
deux à part, comme faisoit il n'y a pas gueres plus
de cent ans vn Souuerain d'Italie. Ioinct que ce
secret, qu'on peut auec raison appeller l'ame des
entreprises importantes, qui perdent, comme les
mines, tout leur effect depuis qu'elles sont éuen-
tees, ne se conserue qu'auec beaucoup de peine
entre tant de gens, dont quelqu'vn parle tousiours
plus qu'il ne seroit besoin. Que si le grand nombre
de Ministres est preiudiciable à ceux qui les employent, leur si frequent changement ne l'est pas
moins à ceux que leur foiblesse y porte. Ie laisse à
part la raison qu'en rendoit Tybere, & l'experience qu'en fit Louis XI. l'vn le plus aduisé de tous
les Empereurs Romains, l'autre de tous nos Rois.
Le sens commun va de luy mesme à cela. Ceux
qui viennent tous frais aux affaires, ne sçachans
pas les motifs, ou se faschans de marcher sur les
pas de ceux qu'ils ont precedez, prennent d'autres routes, au bout desquelles ils trouuent quelquesfois des precipices qu'ils n'ont pas preueus.
Ils ne songent pas tant à faire quelque chose de
bon, qu'à faire quelque chose de nouueau. Et puis
manquans de cette experience, qui sert de guide
à la raison en beaucoup de lieux, ils font des faut-
tes, qu'il est tousiours plus aisé d'éuiter que de re-
parer. Cette capacité necessaire au maniement des
grandes choses, ne s'acquiert pas, comme la possession d'vn heritage, par an & iour. Il faut que
sans parler du reste, celuy qui tient le gouuernail
public, ait vne entiere & parfaite connoissance,

non seulement des interests & des merites de tous
ceux qui peuuent nuire ou seruir dans les Prouin-
ces, comme auoit Charles VIII. par vne liste
qu'il s'en faisoit donner, mais des forces, des re-
uenus, & des liaisons de tout l'Estat, comme
n'agueres vn des Ottomans par le moyen d'vn re-
gistre qu'il en auoit à l'imitation d'Auguste tous-
jours deuant les yeux; & ce qui plus est, des incli-
nations, des alliances, & des correspondances de
tous les voisins; à fin de s'en pouuoir ou deffendre
ou preualoir selon les occasions. Et quelque excellent esprit qu'on ait, quelque grand soin qu'on
y apporte, si l'on ne donne encore vn long temps
à cela, l'on ne fait rien. A quoy i'adjouste, qu'ayans
beaucoup moins de creance, ils sont aussi beaucoup moins propres à l'execution de ce qu'ils en-
treprennent. Aduoüons donc franchement, que
ceux dont ie parle ont esté iusqu'à present d'autant
plus aduisez que nous, que pour remedier aux
malheurs qu'apporte la confusion & la mutation
des Ministres, ils n'en employent que fort peu,
qu'ils ne changent iamais sans vne tres-euidente
necessité. Mais reconnoissons aussi que V. M. s'e-
stant depuis quelque temps resoluë à faire de mesme, comme elle fait, n'a rien qu'à continuer, comme asseurement elle fera, pour leur retrancher
tout ce qu'ils ont eu de meilleur qu'elle cy-deuant.
Et c'est peut estre le plus grand & le plus impor-
tant secret qu'on vous puisse donner pour le bien
de vostre seruice. Quoy que la flatterie, ou la calom-
nie vous puisse suggerer au contraire, vous ne le
deuez pas mespriser. Il va plus loin qu'on ne pen-

fe. Car pour dire la verité, SIRE, ce n'est pas tant
de cette conjonction & triplicité des Planetes,
dont quelques-vns bercent la credulité des cu-
rieux, comme de la bonne ou mauuaise qualité
des conseils que depend la conseruation ou la de-
cadence des Royaumes. Toutes ces longues es-
pargnes, toutes ces places fortes, toutes ces grosses garnisons, toutes ces compagnies entretenuës,
& toutes ces diuerses alliances, où plusieurs met-
tent tout leur appuy, ne sont bien souuent que
vaines pompes, & que charges inutiles, si les res-
sorts qui font remuër ces machines là, ne vont
bien. Depuis que le Cyclope d'Homere eut perdu
ce grand œil qu'il auoit au milieu du front, la masse
prodigieuse de ces gros & puissans membres, à qui
rien ne pouuoit resister auparauant, ne luy fit plus
que peine, à chaque pas il bronchoit, ce ne fut
que le joüet du petit homme, dont il eust fait cu-
rée deux iours apres, s'il n'eust esté plus fin que
luy. Ce qui monstre que la sagesse & la prudence
peuuent quelquesfois beaucoup plus que ny la vio-
lence ny la force. L'histoire comme la fable en
cela. Nostre Charles V. sans bouger presque de
son cabinet, où le mauuais morceau qu'on luy fit
aualler secrettement en sa ieunesse, l'attacha la
plus part de sa vie, gaigna plus sur les Anglois par
les despesches seules, ainsi qu'aduoüoit Edouard
mesme son enhemy, que n'auoient fait son pere
& son ayeul auec toutes leurs armées. Et Philippe
II. d'Espagne nous tailla tant de besongne sur cette
Carte de la France, qu'il auoit ordinairement
deuant luy, qu'il s'en fallut bien peu que du fonds

de sa gallerie il ne joignist le Louure à l'Escurial.
Et bien que des trois clefs que luy laissa son pere,
ayant perdu celle d'Afrique dans la Goulette, &
celle de Flandres dans Flessingue, il faillist à perdre encore celle de Castille dans Calis; si peut-on
soustenir neantmoins, que sans se beaucoup tour-
menter, il estendit plus loin les bornes de sa do-
mination que ne fit son predecesseur, qui ne se
donna iamais repos, que les sept mois qu'il passa
solitairement dans le repentir d'auoir cessé trop
tost de brouiller le monde. Ie serois ennuyeux si
i'entreprenois de rapporter icy les exemples de tous
ceux que leur sage gouuernement a fait heureu-
sement prosperer: ie le serois encore plus, si ie
voulois faire vn denombrement particulier des
autres que le deffaut contraire, a miserablement
perdus. Que l'on repasse la veuë auecques la pensée sur tous les peuples & sur tous les siecles, on
trouuera que la cheute de la plus part des Princes
n'a point eu de cause plus ordinaire que celle-là.
C'est pourquoy ce pernicieux discoureur d'Estat,
que le consentement vniuersel des gens de bien a
condamné, n'eut possible pas entierement tout le
tort qu'on luy donne, si ce qu'il respondit à ceux
qui le blasmoient d'auoir publié des maximes autant esloignees de la pieté que de la raison, est vé-
ritable: que voyant sa pauure Italie deschirée par
vn grand nombre de petits tyrans, qui l'auoient
mise à la chaisne, il leur auoit voulu dresser dans
ses mauuais preceptes autant de pieges, pour faire
tomber ceux qui seroient si mal aduisez que de le
croire, dans la ruine qu'il leur desiroit. Ce fut l'ex-

pedient que prit autresfois celuy des noftres, qui
pour faire fecouer aux François le joug de ce Ro-
main qu'ils auoient appellé, le leur rendit tellement odieux par les mauuais aduis qu'il luy donna tout exprès à ce deffein, qu'il fut contraint de
quitter à Clodion le Cheuelu la place qu'il auoit
vfurpée fur luy. Et cét autre à qui l'Empereur Fe-
deric II. auoit fait injuftement creuer les yeux, ne
trouua pas de moyen plus affeuré pour fe vanger
de luy, que de luy perfuader de leuer vne chofe, où
la loy diuine & la raifon humaine luy deffendoient
de toucher. C'eft par là que le prenoit celuy qui
dit le premier, que l'on pouuoit fans fe faire beaucoup de preiudice fouhaitter tout à fes ennemis,
fors que de bons confeils. Qui leur ofte cela, ne
leur laiffe rien qui les puiffe empefcher de fe perdre. Il ne faut donc pas douter, SIRE, que fi
ceux qui fe faschent de vous en voir prendre tous
les iours de meilleurs qu'ils ne voudroient, auoient
le pouuoir de chaffer tout ce qu'il leur plairoit
d'autour de vous, ils ne commençaffent par celuy
qui vous les donne. Et c'eft à quoy, quelque mine
qu'ils faffent, ils ont trauaillé fourdement par def-
fous terre, contribuans aux mauuais deffeins que
quelques mefcontens auoient contre luy, tous les
plus exquis artifices dont ils ont pû s'aduifer. La
trame n'en eft pas mal aifee à reconnoiftre : on l'a
reconnue. Et ie m'affeure, que s'ils leur euffent
reuffi fuiuant leurs defirs, ils n'en euffent pas fait
de moindres feux de ioye en fecret, que s'ils euffent gaigné deux batailles fur vous. Il faut dire la
verité. Cette prudence, qui fait comme vne forte

de prophetie dans son esprit, & qui perçant l'aduenir preuient les effects dans leurs causes : cette
vigilance, qui tient iour & nuict les yeux ouuerts
sur ce qui concerne vostre seruice ; cette actiuité
qui lie si promptement l'execution de vos desseins
auec leur resolution, qu'on en voit quelquesfois
plutost l'vne, qu'on ne sçait pas l'autre : & cette
fidelité, pour qui la moitié de toute la terre seroit
vne tentation imparfaicte, leur ostant auec l'esperance de le pouuoir iamais ny tromper ny cor-
rompre, celle de vous pouuoir iamais ny surpren-
dre, ny forcer ; ils eussent eu quelque raison de
mettre la deffaite d'vn homme qui leur est si contraire entre les secrettes victoires & les ingenieu-
ses conquestes de leur nation. Et pour vous SIRE,
c'est l'opinion commune des plus sages, que le
meilleur office que vous eussiez sçeu rendre à ceux
qui ne luy veulent mal, que pource qu'il vous sert
bien, eust esté de luy donner le congé qu'il vous
demanda. Il eust bien mieux valu que V. M. eust
perdu deux des meilleurs & plus importantes villes de son Royaume. Ie le veux dire encore vne
fois, à fin que l'enuie, qui naturellement a l'ouye
dure aux loüanges d'autruy, le puisse mieux entendre. Il eust mieux valu que V. M. eust perdu deux
des meilleures & plus importantes villes de son
Royaume. Quand on vous auroit enleué Calais,
ou surpris Amyens, vous auriez de vray de la peine à les arracher d'entre les mains de ceux qui s'en
seroient saisis. Mais puis qu'on a fait autresfois
lascher prise à ceux qui les tenoient, ie ne voy rien
qui vous peust empescher d'en faire autant. La Ro-

chelle estoit bien quelque chose de plus dur : vous
n'auez pas laissé d'en venir about, quoy que d'autre s'y fussent faillis. Il n'en seroit pas en cecy de
mesme. Que V. M. fasse d'vn bout de la France à
l'autre vne tres exacte recherche de tous les plus
grands personnages qui s'y trouuent auiourd'huy,
elle en rencontrera possible bien quelqu'vn qui luy
ressemble en quelque chose, mais qui l'egale en
tout elle me pardonnera, s'il luy plaist, si ie dis qu'il
n'est pas en son pouuoir. Ce n'est pas que vostre
Conseil mesme, sans courir plus loin, manque
d'vn grand nombre d'habiles hommes, infini-
ment desireux de vous seruir. Chacun les con-
noist. Mais tous les astres d'vn mesme ciel, ne sont
pas de pareille grandeur, ny tous les esprits d'vn
mesme climat, de pareille trempe : & quelques-
vns peuuent estre fort entendus & fort capables,
sans l'estre neantmoins que plusieurs degrez au
dessous de luy. La production de ces grands ge-
nies n'est pas l'ouurage ordinaire d'vn bissexte. Il
faut par fois la reuolution entiere de quatre siecles
à la nature pour en former vn pareil à cestui-cy.
En qui se rencontrent ensemble toutes les excel-
lentes & rares qualitez qui seules à part peuuent
mettre bien hault au dessus du commun, de ceux
qui s'en trouuent pourueus. Ie ne parle point seulement de celles qui sont en quelque façon, de l'es-
sence de la profession qu'il fait : comme la pieté,
la sagesse, la prudence, la moderation, l'eloquen-
ce, l'erudition, & leurs pareilles, ie dis des autres
mesmes, qui semblent en estre entierement esloi-
gnées comme celles qui composent la perfection,

d'vn

d'vn Chef de guerre. Car qu'ont de commun en apparence la soutane & le camail auec la cuirasse & le baudrier? La Xainctonge, le Viuarets, & le Languedoc, la Sauoye, le Piémont, & le Montferrat gardent encore neantmoins toutes fraisches les traces des Armees qu'il a conduites sous vos triomphantes enseignes, auec tant d'ordre & tant d'heur, qu'il est aisé à reconnoistre que son inclination, aussi bien que la naissance, le portoit naturellement à cela, si cette secrette destinee qui luy prépare ie ne sçay quoy de plus grand qu'on ne pense, ne l'eust comme forcé de prendre vn autre chemin. On eust dit qu'il n'auoit iamais fait autre chose. La moitié de ceux qui ont passé toute leur vie dans les exercices des armes, n'en sçauent pas la moitié tant que luy, de qui le siege de la Rochelle fut, il n'y a pas encore trois ans, l'apprentissage & le chef-d'œuure tout ensemble. C'est au reste vn courage merueilleux, qui n'a rien de comparable que le iugement qui le conduit. Nulle sorte de dangers ne l'estonnent, nulle sorte d'accidens ne le troublent. Il est esgal par tout. Il trauaille quand les autres reposent. Il veille quand les autres dorment. Vostre seruice ne le lasse point. Mais à qui le dis-ie? A vous, Sire, qui l'auez non seulement veu, mais admiré dans toutes les factions conuenables à la charge dont vostre Majesté l'honoroit. Les paroles sont inutiles où les choses parlent. Qu'on regarde ce qu'il a fait. Les Cardinaux de Pellegruë & de la Roche, entre les nostres, Albornoz, Caruajal & Ximenes entre les Espagnols, sans faire mention des Colonnes, des Vitellesques, des Caraffes & des Fregoses entre les Italiens, ny de plusieurs autres de di-

terles nations, qui se sont autresfois meslez de la
guerre pour le seruice de leurs maistres, n'en appro-
cherent iamais. Ie ne le dis pas neantmoins pour leur
oster ce qui leur est deu : c'est plutost pour faire voir
par leur exemple, que cet habit long, sous lequel ces
braues & genereux Romains firent autresfois plier
vne partie de la terre, & trebler l'autre, n'a rien d'in-
compatible, comme se figurent quelques-vns, auecques la valeur & la prudence, d'vn General d'armee.
Si ce n'est peut estre qu'vn des nostres ne puisse pas
faire, pour nous, ce qu'ont fait autresfois contre
nous deux de sa condition, dont l'vn porta les armes
pour nos ennemis à la bataille de Rauene, & l'autre à
celle de Marignan. Car plusieurs ont cela, qu'ils font
vice en autruy de ce qu'ils font vertu en eux. Ils le luy
reprochent comme vne sorte de sacrilege. Tesmoignage certain qu'ils n'ont autre chose à dire contre
luy. Dont il a l'obligation à cette innocence, sur qui
la malice la plus noire de ses mal-veillans ne trouue
point de prise. Qu'on la regarde, qu'on l'esclaire, &
qu'on la sonde de toutes façons & de tous costez, elle
ne craint rien. L'auarice & l'ambition sont les maladies populaires de ce temps. Son humeur l'affran-
chit de l'yne, & sa dignité l'exempte de l'autre. Il est
naturellement si genereux, qu'il n'estime tous les
biens du monde qu'autant qu'ils luy peuuent seruir à
bien faire : de tout le reste il n'en fait ny mise ny re-
cepte. La façon dont il en vse le monstre. Ce qu'il a
de plus que ce qu'il luy faut pour soustenir la despé-
se, ou le rang qu'il tient aupres de V. M. SIRE, l'en-
gage, il le distribuë en aumosnes entre les panures, en
pensions entre les honnestes gens, en dons entre les

amis, en gages entre ses domestiques, comme s'il
n'estoit que depositaire ou dispensateur de tout ce
que vous luy donnez. Qui surpassant quelquesfois
son desir, comme tesmoigne le refus qu'il fit il y a
deux ans de deux benefices dont V. M. l'auoit grati-
fié, ne sçauroit surpasser son merite, puis que vous seruant si bien, il employe si dignement le bien qu'il reçoit de vous. Il n'en fait pas des thresors, comme faisoit autresfois ce Cardinal d'Amies, qui les emporta
depuis hors du Royaume, ou comme cet autre, qui
les destinant au dessein qu'il descouurit à François I.
quand il vit son temps, tesmoigna, comme il luy fut
reproché, qu'il aimoit mieux son argent que son maistre, à qui durant ses necessitez les plus grandes il n'en
auoit iamais offert. V. M. sçait auec quelle affection
& quelle franchise il l'a plusieurs fois assistee dans ces
dernieres guerres, non seulement de ce qu'il auoit
dans ses coffres, mais de ce qu'il pût auoir sur le credit de ses amis. Que l'on me responde tant que l'on
voudra, qu'il ne faisoit que prester ce qu'il auoit receu, pourueu que l'on m'aduoüe en mesme temps,
que c'est ce que dix mil autres, qui en ont eu dix fois
plus que luy, ne font pas. Ce n'est pas l'air d'vn siecle, où la pluspart mesurans leur deuoir à leur profit,
prendroient plustost pour perdre l'Estat, qu'ils ne don-
neroient pour le sauuer. Dequoy pleust-il à Dieu,
SIRE, que nous eussions moins d'exemples. Nous
ne verrions point tant de diuisions ny tant de perfi-
dies parmy nous : mais d'autant plus rares sont ceux
qui ne se laissent point frapper à cette côtagion, d'autant plus vous doit estre cher celuy, qui preferant le
bien de vos affaires à tout l'or des Indes, songe plus au

taut de la France, qu'à l'enrichissement de sa maison.
Rien de ce que le reste des hômes achette au peril de
la reputation & de la vie mesme ne le touche: il fau-
droit quelque chose de plus qu'vn Royaume, pour
l'ebranler. La suprême dignité de ce triple Diademe,
dont le lustre, à ce qu'en soupçonnerent quelques-
vns, ébloüit autresfois vn peu ce fameux Cardinal,
qui gouverna tout sous Louys XII. & dont celuy qui
depuis eut le mesme pouuoir sous Henry VIII. en
Angleterre, se laissa si long-temps leurrer par le plus
grand ennemy de son maistre, seroit parauenture ce
qui luy pourroit donner dans les yeux, s'il auoit l'ame
susceptible des fumées de la vanité. Mais l'ysage nouueau de Rome, rendant sa naissance coupable d'vn
peché qui luy deffend d'y penser, ie ne connoy rien
dans le monde qui soit capable de l'esloigner tant soit
peu de ce qu'il vous doit. Comme il n'est auare que
du temps qu'il destine a vostre seruice, il n'est ambi-
tieux que de l'honneur qu'il acquert en vous seruant.
C'est le but & le prix tout ensemble de cét assidu trauail, qui luy mine insensiblement le corps & l'esprit.
Ie suis trop long, SIRE, ie le sens bien; mais ce
grand homme vous est au iugement de tout le monde
si necessaire, que ie ne puis trouuer le bout des diuerses considerations qui se presentent à ma pensée sur
son suiet. Ie n'en diray plus que ce mot. Vos affaires
ne furent iamais plus secrettement, plus fidelement
ny plus heurcusement maniées qu'elle sont aujour-
d'huy. Vous ne sçauriez faire chose plus conuenable à vostre prudence, plus vtile à vostre authorité, ny
plus aduantageuse à vostre reputation, que d'en lais-
ser tousiours la conduite à celuy qui les a mises en l'e-

ſtat où ſe faſchent de les voir ceux, qui profitent de
nos malheurs. V. M. peut auoir encore beſoin de luy.
Elle a combattu depuis trois ans les trois plus fiers &
plus belliqueux peuples de l'Europe. Mais, outre
qu'ils vous peuuét donner de nouueaux ſujets de venir vne autre fois aux mains auec eux; il vous reſte
beaucoup d'autres ennemis, d'autant plus redouta-
bles, qu'eſtans plus eſtroictement liez, auez les intereſts de la plus-part d'entre nous, ils ſont comme vne
portion de ceux meſmes qui ſont contenance de les
haïr & deteſter le plus. Ce ſont les vices & les deſor-
dres, que la corruption du ſiecle & la vieilleſſe de
l'Eſtat ont introduits parmy toutes ſortes de conditions. C'eſt où l'on ſe promet qu'il fera, ſous l'auto-
rité de voſtre nom, ce que perſonne n'a iamais fait deuant luy. Ceux-là le flattét qui dient, deſia qu'il a re-
mis ce Royaume en ſa premiere ſplédeur. Il faut plus
de temps à cela qu'il n'en a pû donner iuſqu'à cette
heure à ce deſſein. Il a bien depuis quelques années
ietté tous les fondemens de ce grand ouurage; mais
cette ſerieuſe & parfaite réformation toulieurs de-
mandée, ſouuent promiſe, quelquesfois commencée,
& iamais concluë, s'eſtend bien plus loin. Et c'eſt tres-
mal connoiſtre la portée de ce puiſſant eſprit, que de
croire qu'il en demeure là. Tout ce que nous auons
veu de luy n'eſt rien au prix de ce que nous verrons,
ſi noſtre propre legereté ne l'empeſche de produire
ce qu'il a dans l'ame pour le bien & le ſoulagemét du
peuple. Le repos d'vne profonde paix eſt neceſſaire à
ce trauail. Il ne tiendra pas à V. M. SIRE, qu'elle
ne nous en faſſe iouïr, puis qu'elle n'a fait la guerre
que pour l'auoir. Que ſi l'ambition ou l'enuie de

F iij

quelques-vns nous priue de ce bon-heur, nous protestons dés maintenant deuant Dieu contr'eux, non seulement du mal qu'ils nous feront souffrir, mais du bien qu'ils nous feront perdre, vous ostans auec celuy qui vous a si bien seruy iusqu'à cette heure, le moyen de rendre à l'aduenir la France par son conseil, la plus iuste, plus douce, plus heureuse, & plus florissante Monarchie de l'Vniuers.

FIN.